AF224176

LE CLÉRICALISME

ET

LES ROIS BOURBONS

EDGAR MONTEIL

LE CLÉRICALISME

ET

LES ROIS BOURBONS

> Sitôt qu'une dynastie cesse de représenter la société, sitôt qu'elle cesse d'avoir le sentiment de ce rôle, elle ne peut subsister devant la toute-puissance des choses ; alors le fait divin n'existe plus pour elle, alors sa mission est finie.
>
> BALLANCHE.

PARIS

LE CHEVALIER, LIBRAIRE-ÉDITEUR

61, RUE RICHELIEU, 61

1873

LE CLÉRICALISME

ET

LES ROIS BOURBONS

Rien n'est plus difficile à suivre que la politique cléricale, mais rien n'est plus aisé à pénétrer. Le procédé ne varie pas. Il est toujours le même dans ses variations infinies.

S'agit-il d'établir un culte ? voici :

Quand Mlle de la Merlière se montra, sur la petite montagne dénudée de la Salette, aux deux petits bergers, on en fit des gorges chaudes dans tout le pays. A Roybon, où elle habitait avec la marquise de Luzy, sa sœur, et où on la connaissait pour fort évaporée et quasiment folle, on disait d'elle : « Voyez un peu cette Catin ! » parce que Catin était le nom vrai du père la Merlière, le notaire. Les curés eux-mêmes s'en moquaient, une belle affaire ! Aucun n'y eût voulu croire. Le temps passa. Et on se demanda si c'était bien Mlle de la Merlière qui avait miraculé. Il y eut des gens qui dirent non. Les curés intervinrent, qui traitèrent Mlle de la Merlière de légende et l'apparition de la Vierge de vérité. Le temps passa. Et, un jour, on remarqua dans un coin de l'église une toute petite statuette qui représentait une sorte de femme en chemise longue, avec une manière de bonnet de coton couronné de roses, ayant devant elle un petit garçon et une petite fille. On resta indifférent. Tout à coup la statue grandit et elle s'empara d'une chapelle, et il y eut des gens pour brûler des cierges à Notre-Dame de la Salette.

S'agit-il d'établir un couvent? voici :

Sur une montagne, non loin de la Salette, sur la commune de Thodure, un curé possédait une petite propriété en friches. Un jour, on vit deux pauvres diables occuper la mauvaise masure qui était sur cette propriété. C'étaient deux mendiants connus dans la contrée. Ils se mirent à arracher la fougère et la bruyère. Quelque temps après, on les vit avec un petit manteau bleu jeté sur leur blouse et leur pantalon déguenillés. Ils étaient si drôles ainsi qu'on s'en tordait. Eux ne sourcillèrent pas. Ils prirent un bissac et furent quêter dans les maisons des bourgs. Ils revinrent avec de l'argent. Au lieu de deux frères, on en vit quatre. Ils repartirent et cette fois furent dans les villes, à Grenoble, à Vienne, à Valence, à Lyon. Quand ils furent de retour, ils achetèrent une vache et deux petits bœufs pour labourer. Ils demandèrent au ministre de l'intérieur des jeunes détenus. Dès qu'ils les eurent, ils les firent travailler à la terre. Hommes et enfants étaient sales, humbles, misérables. Ils couchaient sur des feuilles mortes et mangeaient du pain noir. Tout à coup, au retour d'une quête, les moines parurent avec une robe brune sous leur petit manteau bleu.

Cela amusa un peu. Mais eux, au lieu de quatre, ils furent huit, et aux jeunes détenus ils adjoignirent des pensionnaires raccolés çà et là chez les pauvres gens, ils firent bâtir un petit monastère avec un clocher, ils eurent des bœufs et ils fructifièrent, et ils regardèrent arrogamment ceux qui les avaient connus humbles.

S'agit-il de politique? voici :

Une République jouit d'une tranquillité parfaite. Elle désire reposer. Elle marche énergiquement à la liberté. L'Église, qui la voit et qui est la négation de toute liberté, a peur. Elle appelle ses amis. Elle sape sournoisement. Elle travaille à la façon des termites. Elle ne se relâche point. Une coalition se forme. Le gouvernement qui lui déplaisait est renversé et elle le remplace par un autre selon son cœur. Cela s'est passé en France.

On s'est effrayé sur le moment. On rit ensuite. On lance à la tête de ces puissants leur incapacité et leur impopularité. En les narguant, du doigt on se les montre.

Eux demeurent impassibles. Chrétiens, ils sont faits pour recevoir les outrages. Donnez-leur un soufflet, ils tendront l'autre joue. Mais les injures ne les empêchent pas de poursuivre leur œuvre. Ils changent les administrations. Ils lâchent la bride au clergé. Les apparitions miraculeuses et les pèlerinages se multiplient. Sur cent points différents, des légendes se créent; on en rit aujourd'hui, on y croira demain. Bien doucement, sans bruit aucun et sans scandale, on change la législation. Oh! c'est peu de chose! on ne s'y attache même pas. C'est quelque rien, comme la nouvelle jurisprudence du conseil d'État qui permet aux évêques, curés et fabriciens, d'accepter purement et simplement les legs qui sont faits à l'ecclésiastique dans le but de fonder des écoles. Inutile de s'inquiéter. On se moque de cette outrecuidance qui substitue la paroisse à la commune. On jette des bulletins de vote sur eux et on les croit écrasés.

Tout à coup le peuple qui s'est moqué trouve qu'on lui a coupé la parole et qu'on l'a chargé de chaînes lourdes, et ceux dont on a ri prétendent avoir été insultés, et ils sont les maîtres, et ils se vengent.

Ah ! prenons garde au gouvernement du 24 mai.

Le ministère du 25 mai s'est mis en tête de traiter le pays à sa guise et de lui donner un roi en renouant la chaîne interrompue des princes de la maison de Bourbon. Les descendants du roué des roués de la Régence ont été reconnaître le descendant du monarque du Parc-aux-Cerfs, et celui-ci a rappelé qu'il était le souverain unique de France et de Navarre de par la Sainte-Ampoule et ses ancêtres.

De la Sainte-Ampoule, il est inutile de parler, un commissaire de la Convention, le 6 octobre 1793, en brisa le précieux flacon sur la statue de Louis XV; refaite, cette huile inépuisable, si elle se répandait, inquiéterait peu les Français qui n'en sont pas à s'en prendre aux formalités. Mais voyons un peu quels sont les aïeux de M. de Chambord dont il fait tant sonner la gloire et élève si haut l'étendard fleurdelysé.

Le premier roi de la maison de Bourbon, Henri IV, dont le nom revient volontiers aux lèvres catholiques, fut un huguenot qui soutint une longue guerre civile pour arriver au trône. Espèce de condottiere, brave à la vérité, mais plein d'une bonhomie affectée, astucieux et perfide, il se promena dans la Normandie, la Picardie et l'Ile-de-France, en prenant et pillant villes et villages, pour la satisfaction de la bande d'aventuriers qui le suivait. Au prix d'une apostasie, il parvient à traiter Paris en ville conquise. Il asseoit son trône dans le sang du peuple, la France est misérable et affamée, et Henri IV continue incessamment la guerre aux Français. Il meurt, et on l'oublie aussitôt. Est-ce que, sous Richelieu, on pensait à Henri IV ? Toute son auréole, toute sa légende, tout ce qui peut plaire en lui, savez-vous d'où cela vient? Riez-en avec moi de bon cœur, M. de Chambord : Henri IV tient tout de Voltaire.

Le règne de Louis XIII commença sous Marie de Médicis, le père Cotton, jésuite, et le Concini, italien. La

Cour donna l'exemple d'un faste jusqu'alors inconnu. On y portait des habits de dix à quinze mille écus. Ces toilettes se payaient par le commerce de la guerre civile. Henri IV avait fort excité la soif d'argent, en mettant à prix les consciences. L'avidité des gens avait été extrême sous son règne, quoique Sully y eût apporté quelque tempérament. Ce fut un débordement sous le père Cotton. Le peuple payait; le peuple, dont les derniers États de la monarchie, tenus en 1614, disaient au roi : « Votre pauvre peuple qui n'a plus que la peau sur les os, qui se présente devant vous tout abattu, sans force, ayant plutôt l'image de morts que d'hommes. » Sous Louis XIII, comme sous Henri IV, la guerre civile, la guerre religieuse, la misère, la famine, détruisent le peuple et le déciment. C'est absolument la même chose sous la monarchie absolue des Bourbons que sous les autres races de rois. La misère va encore augmenter sous le règne suivant.

Tant que Mazarin, cardinal-laïque, devenu l'époux de la reine-mère, Anne d'Autriche, gouverna, la guerre à l'extérieur fut assez heureuse, mais il n'en fut pas de même de la guerre civile, et la Cour prit la fuite devant la Fronde. Quand Louis XIV gouverna, il en fut de même, mais la guerre extérieure prenant une extension de plus en plus grande, les impôts augmentèrent dans une proportion considérable. Il fallut que le peuple de France entretînt le roi d'hommes et de munitions, de châteaux et de maîtresses. On appela Louis XIV le Roi-Soleil, mais on l'appela aussi l'Assuérus de France. Si les commencements de son règne avaient brillé de gloire militaire, la fin ne vit que des défaites. Pour obtenir de l'argent du clergé, Louis XIV révoqua l'Édit de Nantes, et fit assassiner les protestants qui ne voulaient pas vendre leur foi pour une pièce d'argent. Le peuple avait faim. Voici le tableau que Vauban trace de la richesse et de la prospérité de la France sous le plus grand prince de Bourbon :

« Plus de la dixième partie du peuple est réduite à la mendicité et mendie effectivement; que des neuf autres parties, il y en a cinq qui ne sont point en état de faire l'aumône à celle-là, parce que, eux-mêmes sont réduits, à peu de chose près, à cette malheureuse condition; que des quatre autres parties qui restent, les trois sont fort malaisées et embarrassées de dettes et de procès. Il n'y a point dix mille familles qu'on puisse dire tout à fait à leur aise. » Les paysans, sales, demi-nus, parcouraient, en longues bandes, affamés et furieux, le pays et le rançonnaient. Le plus grand de nos rois battit de la fausse monnaie. Les avantages des traités de Westphalie et de Nimègue, furent anéantis par les traités [de Ryswick et d'Utrecht. Les grands finirent par vivre de bassesses et de jeu, de lâchetés et de trahisons, selon ce que rapporte Fénélon. Pour se procurer de l'argent, le ministre Desmarets porte à l'actif de la dynastie une banqueroute de cent trente-cinq millions. Le peuple était volé, ruiné, affamé, assassiné. Louis XIV fut enterré au milieu des huées et des malédictions du peuple. Ce fut justice.

Voici Louis XV. Les choses vont de pis en pis. Le peuple est détruit de plus en plus par la guerre, par la faim. Louis XV est le roi de la prostitution. Il aggrave un peu, au traité de Paris de 1763, les pertes que Louis XIV a déjà fait subir à la France. Sous le ministère de l'abbé Terray, Louis XV fit aussi banqueroute; mais il fit davantage : comme la famine allait toujours en croissant, il prit pour dix millions d'actions dans la Société du *Pacte de Famine*, qui avait pour objet d'accaparer tous les grains, afin de les revendre fort chers, quand le peuple était à bout et prêt à se révolter sous les douloureuses étreintes du besoin de manger. L'aïeul du comte de Chambord mourut pourri par le mal de Naples.

J'éprouve quelque soulagement en arrivant à Louis XVI. Ce roi sut au moins s'entourer d'hommes habiles et désintéressés. Peut-être eût-il sauvé la monarchie, pour un temps, sans sa femme, l'Autrichienne. Malheureusement, les Bourbons avaient soumis le peuple à de trop cruelles épreuves. Le peuple se vengea des souffrances atroces qu'il avaient supportées sous cinq règnes. Il fit rouler sous l'échafaud la tête du droit divin. Ce fut justice.

Passons aux deux autres enfants de Louis XV.

Louis XVIII fut ramené dans la France, à laquelle lui et ses amés et féaulx avaient fait la guerre, par l'ennemi. A peine la royauté fût-elle rétablie, qu'une réaction terrible commença. Cette réaction infâme, nommée *Terreur blanche*, fit deux fois plus de victimes, parmi les Français, que n'en avait fait, parmi les conspirateurs, les ennemis de notre pays, notre grande Révolution. Tout ce qui était digne du nom français, et surtout les soldats qui avaient versé leur sang généreux pour la gloire de la patrie, furent assassinés traîtreusement ou juridiquement. Les traités de 1815 réduisirent les frontières de 1792. La liberté individuelle perdit ses garanties. Tout fonctionnaire eut le droit d'arrêter les citoyens à son plaisir. La délation fut à l'ordre du jour. Les curés gouvernèrent les communes. Plus de libertés, plus de garanties constitutionnelles ; mais le gouvernement de l'archevêque Quélen, des missions partout, des petits séminaires, des pèlerinages protégés par des baïonnettes ; des couvents et l'échafaud en permanence.

Cependant le pain valait jusqu'à trois francs le kilogramme, la famine reparaissait, de nombreuses sociétés secrètes se formaient, et, à la Chambre, l'opposition de Manuel suffisait pour inquéter le trône, quand Charles X succéda à son frère.

Charles X est le type, par excellence, du jésuite intronisé. Grand-père du prétendant Henri V, il est le plus parjure de ses ancêtres, car les autres étaient purement des despotes et celui-ci fut traître à la foi jurée, à la

Charte. Il est l'auteur des lois sur le sacrilége qui punissent de mort ou des travaux forcés la profanation des choses saintes. Sur la liberté d'établissement des congrégations religieuses et le droit pour elles d'accepter des legs, il demanda le milliard d'indemnité accordé aux émigrés. Il fut le promoteur de la loi de justice et d'amour qui, selon l'expression de Casimir Périer, supprimait l'imprimerie en France. Enfin, il fit les ordonnances de juillet, destructives de la Charte et de la liberté. Cet excellent Bourbon suivit à pied la procession du 15 août, en mémoire du vœu de Louis XIII contre les protestants; M. de Quélen le traînait à sa suite, humilié en esprit de pénitence, ainsi que le dauphin, la dauphine et la duchesse de Berri. Ce fut en sortant d'une procession qu'il proposa, à la session de 1826, le rétablissement du droit d'aînesse et même du droit de substitution. M. Bourdeaux qualifiait le règne de Charles X, en accusant le gouvernement d'exécuter les ordres de la faction anti-française, dont le quartier général était à Montrouge, dans la maison des jésuites.

La liberté laissée au clergé eut pour résultats : sous le règne de Louis XVIII, de donner au clergé douze millions de legs, sous Charles X, trente millions; soit quarante-deux millions annuels tombés en la mainmorte des gens d'église et qui, désormais non productifs à l'État, rejetèrent sur les citoyens déjà écrasés d'impôts, les charges publiques que ces biens payaient auparavant. Cependant, plus le clergé acquierait, plus il voulait avoir, et ce fut à l'influence redoutable de l'épiscopat, et surtout de la faction jésuitique, que le peuple dut les mesures liberticides qui le firent se révolter et chasser ses tyrans.

Il résulte clairement de l'examen que nous venons de faire des rois de la maison de Bourbon, que leur nom doit être synonyme, pour le peuple :

De despotes,
De faux-monnoyeurs,
De banqueroutiers,
De fauteurs de guerres civiles,
De persécuteurs,
D'ennemis des libertés publiques,
D'entreteneurs de misère et de famine.

Quel est, à présent, le prétendant que les gens qui siégent à droite dans l'assemblée de Versailles, se proposent de nous imposer.

Le 13 février 1820, le duc de Berri, second fils du comte d'Artois, fut assassiné par Louis-Pierre Louvel. Il expira dans le petit salon situé derrière sa loge, à l'Opéra, en disant à la duchesse de Berri : « Mon amie, ne vous laissez pas accabler par la douleur, ménagez-vous pour l'enfant que vous portez dans votre sein. » Le duc de Berri avait épousé la fille du roi de Naples et de la sœur de Marie-Antoinette, bien qu'il eût épousé en Angleterre une autre femme, ce qui le rendait bel et bien bigame :

Cette femme mit au monde un fils.

Le 29 septembre 1820, une publicité exagérée informa le peuple français que S. A. R. très-haute et très-puissante princesse Marie-Caroline-Ferdinande-Louise, princesse des Deux-Siciles, duchesse de Berri, veuve de très-haut et très-puissant prince Charles-Ferdinand d'Artois, duc de Berri, fils de France, était heureusement accouchée d'un enfant du sexe masculin, Henri-Charles-Ferdinand-Marie-Dieudonné d'Artois, duc de Bordeaux.

Imagination romanesque, nature ardente, la duchesse de Berri essaya d'entretenir la tradition bourbonnienne en fomentant des révoltes sur différents points du territoire pendant le règne de Louis-Philippe. On mit un terme à ses entreprises par son emprisonnement à Blaye et son expulsion du territoire français, après qu'elle fut accouchée d'une fille, fruit d'un mariage secret contracté en Italie.

Le duc de Bordeaux devint comte de Chambord par le fait de la souscription qui lui offrit le château de Chambord. Cette souscription que Paul-Louis Courier railla agréablement, et qui ressembla à une aumône misérablement sollicitée, vit ses vides comblés par le trésor royal et Chambord fut racheté à la famille Berthier, prince de Wagram, qui le possédait. Henri de Chambord fut élevé en Angleterre, puis en Allemagne. Il se maria avec une princesse de Modène, Marie-Thérèse d'Este, femme plus âgée que lui, d'une figure sèche et acariâtre, avec laquelle le dernier des Bourbons n'a jamais fait, à ce qu'on assure, un très-bon ménage. Il est vrai d'ajouter qu'il ne l'épousa qu'après un accident qui a eu, paraît-il, des résultats très-fâcheux sur l'organisme du prince, résultats qui eussent dû l'empêcher de contracter union.

Les personnes qui connaissent le comte de Chambord, le donnent comme un homme débonnaire et doux, fort aimable dans le particulier et de vues assez droites; mais nous n'avons pas à nous inquiéter de ce qu'il est comme homme privé. Quels que soient les rêves dont il se berce sous les froids ombrages de Frohsdorf, quelle que soit l'influence que sa femme exerce sur lui, elle qui est entièrement dirigée par les jésuites, nous n'avons à juger le prétendant que par ses actes publics. Or, si jusqu'à ce jour, il avait tenu haut et ferme, malgré quelques maladresses historiques, son drapeau blanc fleurdelysé, s'il avait fait s'incliner jusqu'à ses ennemis devant la fermeté de ses principes, nous ne pouvons le considérer depuis quelque temps qu'ainsi qu'un ambitieux vulgaire. En effet, lorsqu'on est le fils de la duchesse de Berri, et qu'on laisse tomber sa main dans celle d'un des persécuteurs de sa mère, on se souille. Quand on accepte de débattre des principes et qu'on les soumet à un compromis, on s'assimile à un marchand et les principes à une marchandise. Le public doit donc réprouver hautement le honteux trafic qui s'opère et mépriser grandement ceux qui le font.

Dans l'espèce, si un prince, comme homme, offre des garanties, il les perd dans ce négoce, et on est en droit de se demander ce qu'il ferait comme prince. Il serait certainement circonvenu s'il voulait faire le bien et entraîné dans le mal. Il représente en principe les castes organisées et il serait obligé de gouverner pour elles et par elles, et se trouverait en complète contradiction avec toutes les conquêtes que la France a faites depuis la Révolution.

Pour monter sur le trône, il faut que Henri V renie sa foi, comme Henri IV, et monte en croupe d'une faction comme Louis XVIII sur les chevaux cosaques. Le seul moyen honnête, de monter sur le trône, s'il peut s'arrêter sur la pente terrible où il s'est engagé, serait pour le prétendant de demander qu'une assemblée nouvelle et véritablement constituante fût élue, à laquelle il pourrait loyalement obéir si elle l'appelait à régner.

En dehors de ce moyen, il ne peut que suivre la tradition bourbonnienne, c'est-à-dire apporter au peuple français l'impôt de sa personne et la guerre civile. Que l'on sache bien qu'il abandonnera aisément le drapeau blanc de Charles VII pour le drapeau tricolore, qui n'est après tout, que le symbole de l'alliance des Bourbons avec le peuple français, et surtout avec la ville de Paris. Je ne crois pas assez à l'honnêteté des rois pour qu'ils gardent des préjugés.

Je n'ose croire que la lettre du 27 octobre, de Salzbourg, ne soit pas quelque nouveau piége. Si elle est vérité, s'il n'y a plus d'équivoque sur la loyauté du prince, nous le verrons bien. Mais la prévoyance est la vertu du sage, sinon trop de défiance. Tenons-nous toujours bien sur nos gardes de crainte de quelque nouvelle surprise. Le parti clérical est fécond en artifices. Nous ne savons si le prince n'obéit pas entièrement aux jésuites. Il faut que sa lettre ait la sanction des actes. Nous le verrons aux événements. Aux ordres de la faction à laquelle il devra son intronisation, les actes de Henri V nous ramèneront, s'il parvient, aux errements de la monarchie ancienne; à la noblesse : le droit d'aînesse, le droit de substitution, l'apanage et l'exemption de l'impôt; au clergé : la substitution de la paroisse à la commune, le bénéfice d'acceptation des legs, le droit curial et la dîme ; à l'État : la banqueroute ; au peuple : la corvée, l'impôt, la misère et sans doute la famine.

Au peuple donc à réfléchir et à se défendre. Qu'il se pénètre bien de ce que sont les rois et de la façon dont le parti clérical agit toujours. Constamment sur ses gardes, que sa main ne quitte pas le glaive de la liberté, car l'avenir est noir d'inquiétudes et d'orages. Il lui est facile de pénétrer le procédé, les agissements bâtards des fauteurs de restauration. Que l'œil du peuple ne se détourne pas des menées de la faction.

Saint-Denis. — Imprimerie J. Brochin.